AF286304

Vorbemerkung des Autors

In diesem Buch geht es um nordamerikanische Wildtiere,
ein paar von Tausenden verschiedener Arten. Sie leben in
ihrem Lebensraum seit vielen Jahrhunderten.
Wie überall in der Welt geht es heute darum, dass diese
Tiere überleben – wild und frei.
Dafür müssen wir gemeinsam Sorge tragen.

*Der Autor möchte Michael Sampson für seine Hilfe bei der
Entstehung dieses Textes danken.*

Mehr über Eric Carle, die kleine Raupe Nimmersatt & Co finden Sie im pädagogischen
Service unter **www.gerstenberg-verlag.de** und **www.eric-carle.com**

Text Copyright © 2007 Bill Martin Jr
Illustrationen Copyright © 2007 Eric Carle
Copyright der deutschsprachigen Ausgabe © 2007 Gerstenberg Verlag, Hildesheim
Die Originalausgabe erschien unter dem Titel *Baby Bear, Baby Bear, what do you see?* by
Henry Holt and Company, LLC, New York.
Alle deutschsprachigen Rechte vorbehalten
Printed in Belgium
www.gerstenberg-verlag.de

ISBN 978-3-8369-5175-3

07 08 09 10 11   5 4 3 2

Kleiner Bär, kleiner Bär, was siehst du da?
Bill Martin Jr
Bilder von Eric Carle

Aus dem Amerikanischen
von Edmund Jacoby

Gerstenberg Verlag

Kleiner Bär,
kleiner Bär,
was siehst du da?

Ich seh' einen
Rotfuchs,
der schnürt an
mir vorbei.

Rotfuchs,
Rotfuchs,
was siehst du da?

Ich seh' ein
Flughörnchen,
das gleitet an mir vorbei.

Flughörnchen,
Flughörnchen,
was siehst du da?

Ich seh' eine Schneeziege,
die klettert in meiner Nähe
herum.

Schneeziege,
Schneeziege,
was siehst du da?

Ich seh' einen
Blaureiher,
der fliegt an
mir vorbei.

Blaureiher,
Blaureiher,
was siehst du da?

Ich seh' einen
Präriehund,
der gräbt bei mir
ein Loch.

Präriehund,
Präriehund,
was siehst du da?

Ich seh' ein Streifenstinktier,
das stolziert bei mir herum.

Streifenstinktier,
Streifenstinktier,
was siehst du da?

Ich seh' einen
Maultierhirsch,
der rennt an mir vorbei.

Maultierhirsch,
Maultierhirsch,
was siehst du da?

Ich seh' eine
Klapperschlange,
die gleitet an mir vorbei.

Klapperschlange,
Klapperschlange,
was siehst du da?

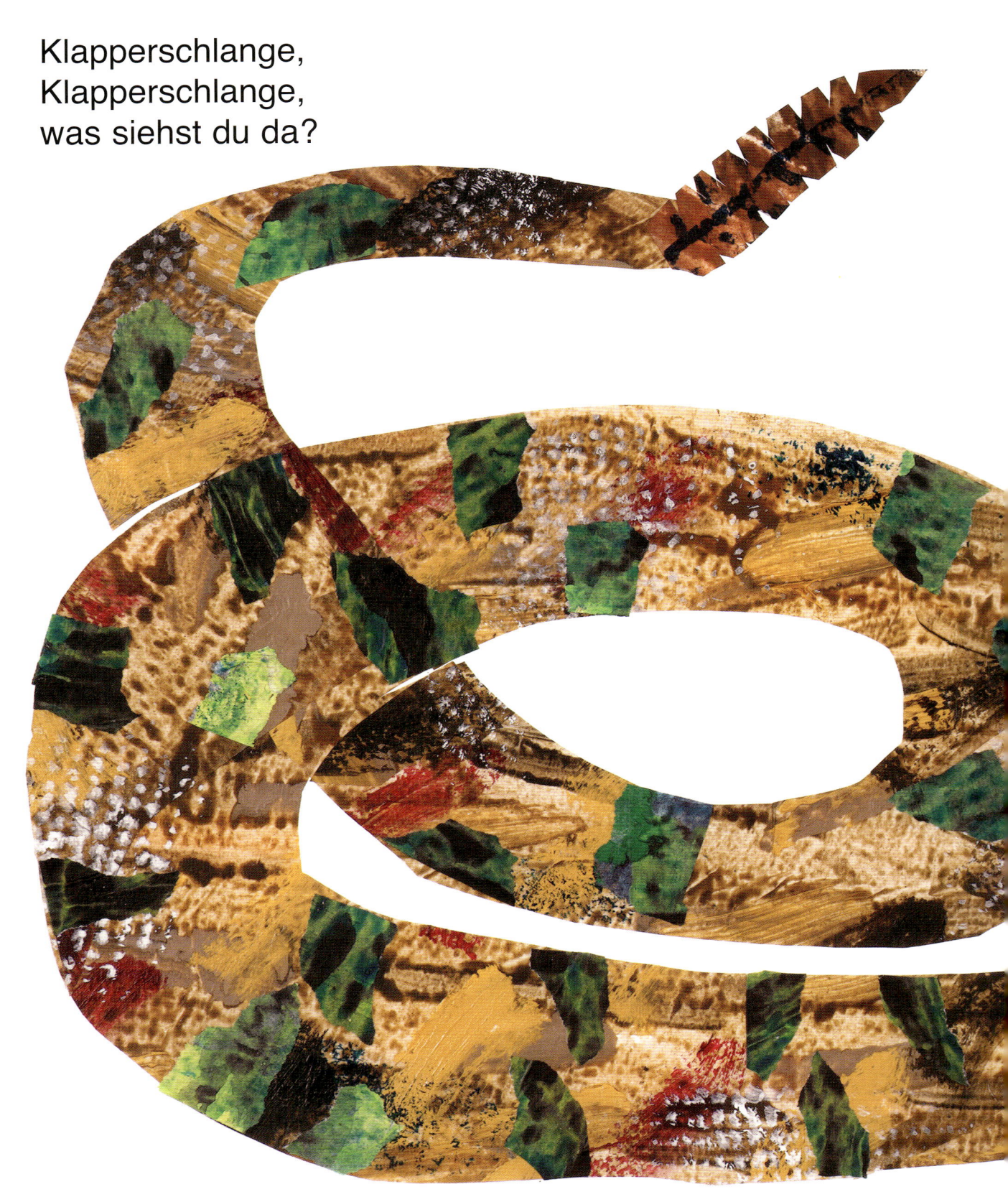

Ich seh' eine
Kreischeule,
die schreit mich an.

Kreischeule,
Kreischeule,
was siehst du da?

Ich seh' eine
Bärenmutter,
die schaut mich an.

Bärenmutter,
Bärenmutter,
was siehst du da?

Ich seh' …

einen Rotfuchs,

ein Flughörnchen,

einen Präriehund,

ein Streifenstinktier,

eine Kreischeule und …

eine Schneeziege,

einen Blaureiher,

einen Maultierhirsch,

eine Klapperschlange,

meinen kleinen Bären,
der schaut mich an –
das seh' ich genau!